O TOQUE INVISÍVEL DE DEUS

QUANDO DEUS TRABALHA EM SILÊNCIO

COMO DEUS ATUA ALÉM
DO QUE OS OLHOS PODEM VER

Penkal

TUDO EM LIVROS, LIVROS PARA TODOS.

Direção Geral
Adriel Ribeiro Penkal

Coordenador Editorial
Cristiano Braz Jorgini

Editor(a)
Silas N. Silva

Projeto Gráfico
Hendrick Ventura

Diagramação
Hendrick Ventura

Capa
Karim Kusunoki Muraki

ISBN: 978-65-277-0243-6

Esta obra foi desenvolvida pela Editora Penkal.

R. Antônio Sabino, 203 - Parque Industrial - Ibiporã - PR
www.livrariasfamiliacrista.com.br

O TOQUE INVISÍVEL DE DEUS

QUANDO DEUS TRABALHA EM SILÊNCIO

COMO DEUS ATUA ALÉM
DO QUE OS OLHOS PODEM VER

CHARLES SILVA

Sumário

Apresentação

Ao longo da história, a humanidade tem buscado compreender os mistérios que cercam o agir de Deus. Muitas vezes, em meio às circunstâncias mais comuns ou nos momentos de maior desafio, Deus trabalha de maneira silenciosa e invisível, mas poderosa e transformadora. Este livro é um convite para adentrar nessa jornada de descoberta e contemplação do Deus que age soberanamente, mesmo quando não conseguimos ver ou compreender seus caminhos.

Em cada capítulo, você será guiado por reflexões que conectam relatos bíblicos e experiências de vida prática, mostrando como Deus utiliza meios muitas vezes imperceptíveis para cumprir seus propósitos. Aqui, não buscamos apenas apresentar histórias, mas revelar o caráter do Deus que cuida, transforma e conduz, mesmo através dos detalhes mais singelos.

A proposta é que, ao percorrer estas páginas, seu coração seja encorajado a confiar, mesmo diante da incerteza. O Deus que agiu de maneira invisível na vida de homens e mulheres ao longo das Escrituras continua operando hoje, com o mesmo amor e a mesma sabedoria. Convido você a abrir os olhos da fé para enxergar o Deus que está presente, mesmo quando parece ausente.

A misericórdia que nos sustenta

"Graças ao grande amor do Senhor é que não somos consumidos, pois as suas misericórdias são inesgotáveis."

Lamentações 3:22

Em nossa jornada espiritual, muitas vezes não percebemos a extensão da misericórdia de Deus em nossas vidas. Ela age silenciosamente, protegendo-nos de perigos que nem mesmo percebemos, sustentando-nos em momentos em que mal temos consciência de nossa necessidade. Essa misericórdia invisível é o que nos mantém de pé, nos fortalece e nos guia, mesmo nos momentos em que nos sentimos mais frágeis.

A Bíblia nos lembra que, se não fosse pela misericórdia de Deus, estaríamos perdidos. sua misericórdia é a razão de não sermos consumidos, de termos novas oportunidades a cada manhã. A cada novo dia, Deus renova sua misericórdia para conosco, mesmo quando falhamos, mesmo quando nossa fé vacila. ele nos dá graça sobre graça, permitindo-nos recomeçar, sempre com esperança renovada.

A misericórdia divina não é algo que podemos ver ou tocar, mas sua presença é inegável em cada aspecto de nossa vida. Ela está lá quando escapamos de uma situação perigosa, quando uma palavra de conforto chega no momento certo, ou quando encontramos força para enfrentar desafios que parecem insuperáveis. Deus, em sua infinita compaixão, nunca nos abandona à nossa sorte. ele está sempre pronto a estender sua mão misericordiosa para nos resgatar, nos perdoar e nos restaurar.

Reconhecer a misericórdia de Deus é um ato de fé e gratidão. Devemos ser gratos por essa misericórdia que nos mantém e transforma. Que possamos viver cada dia, conscientes dessa misericórdia invisível, confiando que, em cada situação, o Senhor está agindo em nosso favor.

Oração

Pai celestial, obrigado por tua misericórdia que nunca falha. Mesmo quando não a percebo, sei que tua mão amorosa está sempre a me sustentar. Ajuda-me a viver com gratidão, reconhecendo teu agir em cada detalhe da minha vida. Que tua misericórdia me molde e me transforme segundo a tua vontade.

Em nome de Jesus, amém.

Paz em meio ao caos

"Deixo-lhes a paz; a minha paz lhes dou. Não a dou como o mundo a dá. Não se perturbe o seu coração, nem tenham medo."
João 14:27

Em meio às tempestades da vida, quando tudo ao nosso redor parece desmoronar, a promessa de paz de Jesus se torna uma âncora firme para a alma. Esta paz que ele nos dá não é como a paz do mundo, que depende de circunstâncias externas. É uma paz profunda, que transcende todo entendimento, guardando nossos corações e mentes em Cristo Jesus.

As tempestades podem vir de muitas formas: perdas inesperadas, desafios financeiros, doenças, conflitos familiares. Em todas essas situações, o mundo oferece soluções temporárias, mas nenhuma delas realmente acalma o coração. A paz que Jesus oferece, no entanto, é diferente. Ela não depende do fim da tempestade, mas da presença de Cristo em meio a ela.

Quando nos voltamos para Cristo em tempos de turbulência, encontramos a paz que o mundo não pode nos dar. ele nos lembra que, mesmo nas situações mais difíceis, ele está no controle. Seu poder é maior do que qualquer tempestade, e sua presença conosco é suficiente para nos dar descanso.

Devemos aprender a buscar essa paz, não em nossas próprias forças, mas na confiança de que Jesus é nosso refúgio. Ao entregar nossos medos e ansiedades a ele, experimentamos a paz que vem de saber que estamos seguros em suas mãos, independentemente das circunstâncias.

Oração

Senhor Jesus, em meio às tempestades da vida, concede-me tua paz. Ajuda-me a confiar em ti, sabendo que tu estás no controle de todas as coisas. Que a tua paz, que excede todo entendimento, guarde o meu coração e a minha mente, e que eu possa descansar em ti, mesmo nas situações mais difíceis.

Em teu nome eu oro, amém.

Guiados pela mão de Deus

"Eu o instruirei e o ensinarei no caminho que você deve seguir; eu o aconselharei e cuidarei de você."

Salmos 32:8

Em nossa caminhada diária, frequentemente nos encontramos diante de decisões que podem mudar o curso de nossas vidas. Em tais momentos, é natural buscar orientação, e que conforto encontramos ao saber que Deus promete nos guiar! ele não apenas nos instrui no caminho a seguir, mas também nos guia com seus olhos, observando cada passo que damos.

A direção divina nem sempre é clara à primeira vista. Muitas vezes, ela vem em forma de uma paz interior, uma convicção firme ou até uma porta fechada. Deus, em sua sabedoria infinita, conhece o melhor caminho para nós e nos conduz, mesmo quando não compreendemos completamente seu plano. A verdadeira sabedoria está em confiar que ele está guiando nossos passos, mesmo quando o caminho parece incerto.

Para receber essa direção, é necessário que nossos corações estejam alinhados com a vontade de Deus. Isso exige um relacionamento profundo com ele, cultivado pela oração, leitura da Palavra e obediência constante. Quando buscamos a Deus de todo o coração, ele promete nos guiar, nos ensinar e nos dirigir.

Cada decisão que tomamos é uma oportunidade de confiar na liderança do Senhor. Que possamos sempre buscar a direção de Deus em nossas escolhas, confiando que ele nos levará ao lugar certo, no tempo certo, para a glória do seu nome.

Oração

Pai amado, guia-me em todas as minhas decisões. Ensina-me a confiar em tua direção, mesmo quando o caminho não é claro. Que meus passos sejam sempre dirigidos por ti, e que eu possa seguir confiante, sabendo que tu me conduzes com amor e sabedoria.

Em nome de Jesus, amém.

Escondidos sob suas asas

"[...] na sombra de sua mão ele me escondeu [...]"
Isaías 49:2

Nos momentos de vulnerabilidade e fraqueza, encontramos segurança na proteção divina. O Senhor, em sua infinita bondade, nos esconde à sombra de sua mão, afastando-nos do mal e nos guardando sob sua proteção. Essa sombra não é apenas uma figura de linguagem, mas uma realidade espiritual onde podemos descansar, sabendo que ele cuida de nós com zelo e carinho.

A sombra da mão de Deus é um lugar de refúgio, onde as tempestades da vida não podem nos atingir. Quando nos sentimos oprimidos pelas circunstâncias ou ameaçados por forças além de nosso controle, podemos nos abrigar sob essa sombra. É ali que encontramos a paz que o mundo não pode oferecer, uma paz que brota do conhecimento de que estamos nas mãos do Todo-Poderoso.

Embora o mundo possa ver essa sombra como fraqueza, para nós, é um lugar de fortaleza. Na presença de Deus, somos escondidos dos perigos espirituais e preparados para as batalhas que virão. Ele nos protege, não para nos manter longe dos desafios, mas para nos fortalecer e nos capacitar a enfrentá-los com fé e coragem.

Que possamos sempre buscar a sombra da mão de Deus, confiando que ele nos esconderá em tempos de tribulação, e nos revelará ao mundo no momento certo, prontos para glorificá-lo em tudo o que fazemos.

Oração

Senhor, agradeço por me esconderes à sombra da tua mão. Ajuda-me a encontrar refúgio em ti nos momentos de dificuldade e a confiar que estás sempre comigo, protegendo-me e guiando-me. Que eu possa descansar sob a tua proteção, sabendo que tu és o meu escudo e fortaleza.

Em nome de Jesus, amém.

Sabedoria em meio às provações

"Meus irmãos, considerem motivo de grande alegria o fato de passarem por diversas provações, pois vocês sabem que a prova da sua fé produz perseverança."

Tiago 1:2-3

As provações que enfrentamos na vida são, muitas vezes, difíceis de entender. Perguntamos por que Deus permitiria tais dificuldades, e como elas podem ser para o nosso bem. No entanto, a sabedoria divina é maior que a nossa compreensão limitada. Deus, em sua infinita sabedoria, permite que passemos por provações para fortalecer nossa fé e moldar nosso caráter à semelhança de Cristo.

Cada provação é uma oportunidade para crescer em perseverança. Quando nossa fé é testada, aprendemos a confiar mais profundamente em Deus. Em vez de nos desanimarmos, somos chamados a considerar essas provações como uma oportunidade de grande alegria, sabendo que Deus está usando essas circunstâncias para nos aperfeiçoar.

A sabedoria de Deus se manifesta em seu plano para nossas vidas, mesmo quando não conseguimos enxergar o propósito imediato das provações. Ele está sempre trabalhando para o nosso bem, usando até mesmo os momentos mais difíceis para nos aproximar dele e nos preparar para as bênçãos futuras.

Em meio às provações, devemos buscar a sabedoria divina, pedindo a Deus que nos mostre o que ele deseja nos ensinar. Ao fazermos isso, descobrimos que cada dificuldade pode nos aproximar mais do coração de Deus, fortalecendo nossa fé e nos capacitando a perseverar com alegria.

Oração

Deus Todo-Poderoso, agradeço pela tua sabedoria em permitir as provações em minha vida. Ajuda-me a enxergá-las como oportunidades de crescimento e a confiar que tu estás sempre trabalhando para o meu bem. Dá-me força para perseverar com alegria e fé, sabendo que tu és fiel em cumprir teu propósito em mim.

Em nome de Jesus, amém.

Esperança renovada em Deus

"Mas aqueles que esperam no Senhor renovam as suas forças. Voam alto como águias; correm e não ficam exaustos, andam e não se cansam."
Isaías 40:31

A vida pode ser desgastante, com desafios que drenam nossa energia e nos deixam sem forças para seguir. Porém, Deus nos oferece uma promessa: aqueles que esperam nele são renovados. Sua força não vem de nós mesmos, mas do Senhor, que nos sustenta e nos capacita a enfrentar cada dia.

Esperar no Senhor não é um ato passivo, mas uma entrega ativa de confiança. É reconhecer que Deus é nossa fonte de força, aquele que nos capacita a ultrapassar as dificuldades e a continuar mesmo quando tudo parece desmoronar. Ele nos dá asas como as águias, que voam acima das tempestades, alcançando novas alturas.

Quando confiamos em Deus, nossa perspectiva muda. Em vez de olharmos para as circunstâncias, fixamos nossos olhos no Senhor. Ele renova nossas forças físicas, emocionais e espirituais, transformando nosso cansaço em vigor e nossa fraqueza em poder. Essa esperança é uma âncora que nos mantém firmes em qualquer tempestade.

Que possamos esperar no Senhor com confiança, sabendo que ele é fiel para renovar nossas forças. Que, em cada desafio, encontremos descanso em sua promessa e coragem para continuar.

Oração

Pai, minha esperança está em ti. Renova minhas forças e dá-me ânimo para enfrentar cada dia com confiança e fé. Ajuda-me a esperar em tua fidelidade e a caminhar com coragem, sabendo que tu estás comigo.

Em nome de Jesus, amém.

O consolador em nossas aflições

"E eu pedirei ao Pai, e ele lhes dará outro Conselheiro para estar com vocês para sempre."

João 14:16

Em meio às dores e aflições da vida, o Espírito Santo se apresenta como o Consolador prometido por Jesus. Embora invisível aos olhos humanos, sua presença é real e poderosa, trazendo conforto e paz aos corações feridos. Ele não apenas nos consola, mas também nos fortalece, renovando nossa esperança e nos capacitando a seguir em frente.

O Espírito Santo conhece as profundezas de nossa dor, mesmo quando não conseguimos expressá-la em palavras. Ele intercede por nós com gemidos inexprimíveis, levando nossas necessidades ao Pai. É nos momentos de maior sofrimento que a presença do Consolador se torna mais evidente, sustentando-nos e lembrando-nos das promessas de Deus.

A ação do Consolador é contínua e fiel. Ele não nos deixa sozinhos em nossas aflições, mas caminha conosco, guiando-nos através do vale da sombra da morte e nos conduzindo à luz do amor de Deus. Quando nos sentimos sobrecarregados pelo peso das circunstâncias, podemos descansar na certeza de que o Espírito Santo está ao nosso lado, trabalhando silenciosamente para nos restaurar e nos fortalecer.

Que possamos abrir nossos corações para a obra do Consolador, permitindo que ele nos ministre em nossas dores e nos conduza à paz e ao conforto que só Deus pode oferecer.

Oração

Espírito Santo, Consolador, agradeço por tua presença em minha vida. Em momentos de aflição, ajuda-me a sentir teu conforto e tua paz. Renova minha esperança e fortalece-me para enfrentar as dificuldades, sabendo que tu estás sempre ao meu lado. Que eu possa confiar em ti em todas as circunstâncias.

Em nome de Jesus, amém.

Fortalecidos na presença de Deus

"O Senhor é a minha força e o meu escudo; nele o meu coração confia, e dele recebo ajuda. Meu coração exulta de alegria, e com o meu cântico lhe darei graças."
Salmos 28:7

A jornada da vida frequentemente nos conduz por caminhos onde a fraqueza e o desânimo podem nos alcançar. Nessas horas, encontramos força na presença do Senhor, que não apenas nos sustenta, mas nos fortalece para continuar. Ele é o nosso escudo contra as adversidades, a fonte inesgotável de energia para enfrentarmos os desafios.

Confiar em Deus é um ato de rendição e segurança. Quando descansamos em sua fidelidade, encontramos paz mesmo em meio às tempestades. Não somos chamados a carregar os fardos sozinhos; o Senhor está sempre ao nosso lado, pronto para renovar nossas forças e nos encher de alegria, mesmo nas circunstâncias mais difíceis.

A confiança em Deus não só nos fortalece, mas também transforma nossos corações. Ela desperta gratidão e louvor, lembrando-nos de que, em meio à batalha, já temos a vitória. Cada vez que nos voltamos para ele, descobrimos que sua graça é suficiente e seu amor é mais forte do que qualquer adversidade.

Que possamos viver confiando plenamente em Deus, reconhecendo sua presença em todos os momentos e permitindo que ele seja nossa força e escudo. Que nossa confiança no Senhor inspire louvor e gratidão constantes, pois nele encontramos alegria e segurança.

Oração

Senhor, tu és minha força e meu escudo. Ajuda-me a confiar em ti em todos os momentos, sabendo que és fiel para me sustentar e renovar minhas forças. Que meu coração transborde de alegria e gratidão por tua presença, e que eu possa viver sempre dependente de ti.

Em nome de Jesus, amém.

A graça que sustenta

"Mas ele me disse: 'Minha graça é suficiente para você, pois o meu poder se aperfeiçoa na fraqueza' [...]"
2 Coríntios 12:9

No decorrer de nossas rotinas diárias, muitas vezes passamos despercebidos pelos momentos em que a graça de Deus nos sustenta. É fácil notar a graça divina em grandes milagres, mas é na quietude dos dias comuns que sua graça opera de maneira profunda e constante, fortalecendo-nos em nossas fraquezas e capacitando-nos para enfrentar cada desafio.

O apóstolo Paulo nos lembra que a graça de Deus é suficiente para nós. Não importa quão fracos nos sintamos ou quão grande seja o fardo que carregamos, a graça de Deus está sempre disponível para nos sustentar. Essa graça não é uma simples ajuda ocasional, mas uma força contínua que nos habilita a viver para a glória de Deus, mesmo nas menores tarefas.

Em nossa fraqueza, o poder de Deus se aperfeiçoa. É quando reconhecemos nossa total dependência dele que a sua graça se torna mais evidente em nossa vida. Nas dificuldades do dia a dia, nos momentos de cansaço e nas pequenas frustrações, é a graça de Deus que nos mantém firmes e nos dá a força necessária para continuar.

Que possamos aprender a valorizar e reconhecer a graça de Deus em cada momento de nossas vidas. Que, em cada pequena vitória e em cada obstáculo superado, possamos ver a mão de Deus operando em nós e por nós, para a sua glória.

Oração

Pai celestial, agradeço por tua graça que me sustenta a cada dia. Ajuda-me a reconhecer tua mão em todos os momentos da minha vida, desde os grandes desafios até as tarefas diárias. Que tua graça continue a fortalecer-me em minhas fraquezas e a capacitar-me para viver segundo a tua vontade.

Em nome de Jesus, amém.

Esperando em Deus

"Coloquei toda minha esperança no Senhor; ele se inclinou para mim e ouviu o meu grito de socorro."
Salmos 40:1

Esperar é uma das disciplinas mais difíceis para o coração humano. Em uma era de imediatismo, o conceito de esperar pode parecer antiquado e frustrante. No entanto, a espera é frequentemente o terreno fértil onde Deus trabalha em nossos corações, ensinando-nos a confiar plenamente em sua soberania e bondade.

O salmista expressa a beleza e o poder da espera paciente em Deus. Ao esperar no Senhor, ele experimentou a resposta divina, não apenas como um ato de misericórdia, mas como um testemunho da fidelidade de Deus. A espera não é em vão quando estamos confiando no Deus que vê o começo e o fim de todas as coisas.

Durante os períodos de espera, somos moldados e transformados. Deus usa esses tempos para fortalecer nossa fé, para nos ensinar a descansar em suas promessas e para nos preparar para o que está por vir. A espera nos faz perceber que não estamos no controle, e isso nos leva a uma dependência maior de Deus, reconhecendo que ele sabe o momento certo para agir.

Se você está em um período de espera, não desanime. Deus está trabalhando em sua vida, mesmo quando você não pode ver. Confie que ele está preparando algo maior e melhor do que você poderia imaginar. Espere com paciência e esperança, sabendo que Deus se inclina para ouvir seu clamor.

Oração

Senhor, ensina-me a esperar em ti com paciência e confiança. Ajuda-me a lembrar que tu estás sempre no controle e que tua resposta virá no tempo certo. Que eu possa encontrar paz e esperança enquanto espero por tua ação em minha vida.

Em nome de Jesus, amém.

A soberania que liberta

"O Senhor dos Exércitos jurou:
'Certamente, como planejei, assim
acontecerá, e, como pensei, assim será.'"
Isaías 14:24

A soberania de Deus é um dos pilares da fé cristã. Saber que Deus, em sua infinita sabedoria e poder, governa todas as coisas, nos traz conforto e segurança, especialmente quando enfrentamos incertezas. Ele não é um espectador passivo dos eventos do mundo; ele é o Senhor que decreta e cumpre seu plano perfeito.

Cada detalhe da criação está sob o comando soberano de Deus. Ele não apenas conhece o futuro, mas ele o estabelece de acordo com seus propósitos eternos. Isso significa que nada acontece por acaso, e que, em todas as coisas, Deus está cumprindo sua vontade soberana para o bem daqueles que o amam.

Quando enfrentamos circunstâncias difíceis ou incompreensíveis, a soberania de Deus é o que nos dá esperança. Podemos não entender o porquê das coisas, mas sabemos que Deus está no controle, e que ele faz com que tudo coopere para o nosso bem. Sua soberania nos liberta do medo e da ansiedade, pois podemos confiar que ele está dirigindo nossas vidas com amor e justiça.

Que possamos descansar na soberania de Deus, sabendo que, independentemente do que aconteça, ele está trabalhando para cumprir seu plano perfeito em nossas vidas e no mundo.

Oração

Senhor, agradeço por tua soberania em minha vida. Ajuda-me a confiar em teu plano perfeito, mesmo quando não compreendo as circunstâncias ao meu redor. Que eu possa descansar na certeza de que tu estás no controle e que estás trabalhando para o meu bem e para a tua glória.

Em nome de Jesus, amém.

A certeza em meio às dúvidas

"Mas eu confio em ti, Senhor, e digo: Tu és o meu Deus. O meu futuro está nas tuas mãos; livra-me dos meus inimigos e daqueles que me perseguem."

Salmos 31:14-15

A vida é cheia de incertezas. Muitas vezes, nos encontramos em situações onde as dúvidas e as preocupações ameaçam nos sobrecarregar. Em momentos assim, é fácil se perder no medo e na ansiedade, esquecendo que Deus está no controle de todas as coisas. No entanto, as Escrituras nos lembram que nossos tempos estão nas mãos de Deus, e podemos confiar nele completamente.

Davi, o salmista, declara sua confiança em Deus mesmo em meio às incertezas da vida. Ele reconhece que, embora não possa controlar o futuro, ele pode confiar na bondade e na fidelidade de Deus. Essa confiança não é baseada nas circunstâncias, mas no caráter imutável de Deus, que é fiel para cumprir suas promessas.

Quando enfrentamos incertezas, somos chamados a entregar nossas ansiedades a Deus, confiando que ele tem o controle de tudo. Nossa paz não vem da ausência de problemas, mas da certeza de que Deus está conosco, guiando cada passo e usando até mesmo as situações mais difíceis para cumprir seu propósito em nossas vidas.

Que possamos aprender a descansar na certeza de que Deus está no controle, e que ele está sempre trabalhando para o nosso bem, mesmo quando não vemos o caminho à frente.

Oração

Senhor, em meio às incertezas da vida, ajuda-me a confiar em ti de todo o meu coração. Lembra-me de que meus tempos estão em tuas mãos e que tu estás no controle de tudo. Dá-me a paz que vem de saber que tu estás sempre comigo, guiando-me e cuidando de mim.

Em nome de Jesus, amém.

Vitória nas derrotas

"Mas, em todas estas coisas somos mais que vencedores, por meio daquele que nos amou."

Romanos 8:37

As derrotas que enfrentamos na vida podem ser devastadoras. Elas trazem à tona nossos medos e inseguranças, fazendo-nos questionar nosso valor e propósito. No entanto, é justamente nesses momentos de fracasso que Deus nos mostra sua força e fidelidade de maneiras mais profundas. Ele nos lembra que, em Cristo, até mesmo as derrotas podem ser transformadas em vitórias espirituais.

Paulo nos ensina que somos mais do que vencedores por meio de Cristo, mesmo diante das dificuldades. Isso significa que as derrotas terrenas não definem nosso destino final. Em vez disso, cada derrota é uma oportunidade para experimentar o poder redentor de Deus, que transforma o que parece perdido em algo cheio de propósito e significado.

Deus usa nossas derrotas para nos ensinar lições valiosas, como a humildade, a dependência dele e a perseverança. Quando reconhecemos nossa fraqueza, somos levados a confiar mais plenamente na força de Deus. E é nessa confiança que encontramos a verdadeira vitória — uma vitória que não é medida pelas conquistas mundanas, mas pela paz e alegria que vem de saber que estamos seguros em Cristo.

Que possamos, portanto, enfrentar as derrotas com a certeza de que Deus está conosco, transformando cada queda em um degrau rumo ao crescimento espiritual e à vitória eterna em Cristo.

Oração

Senhor, em meio às derrotas, ajuda-me a enxergar tua mão poderosa e redentora. Ensina-me a confiar em ti, sabendo que tu podes transformar cada fracasso em uma oportunidade de crescimento e vitória espiritual. Que eu possa sempre encontrar esperança em tua promessa de que somos mais do que vencedores em Cristo. Em nome de Jesus, amém.

O amor que nunca falha

"O Senhor lhe apareceu no passado, dizendo: 'Eu a amei com amor eterno; com amor leal a atraí.'"
Jeremias 31:3

O amor de Deus por nós é eterno, imutável e profundo, mesmo quando não o percebemos de maneira tangível. Em meio às pressões e desafios do cotidiano, podemos esquecer ou duvidar desse amor, especialmente quando as circunstâncias parecem sugerir o contrário. No entanto, a verdade é que o amor de Deus nunca falha e sempre está presente, trabalhando em nossos corações de maneira invisível, mas poderosa.

Deus nos ama com um amor que não depende de nossas ações ou méritos. Ele nos amou antes mesmo de nascermos, e continua a nos amar em todas as fases de nossa vida, mesmo quando falhamos ou nos afastamos dele. Esse amor nos atrai para mais perto dele, oferecendo-nos conforto, segurança e paz, mesmo nas tempestades da vida.

Às vezes, esse amor se manifesta de maneiras inesperadas: na paz que sentimos em meio ao caos, em uma palavra de encorajamento no momento certo, ou em uma porta que se fecha, protegendo-nos de caminhos perigosos. O amor de Deus é um alicerce firme que nunca nos abandona, mesmo quando nossos sentimentos nos dizem o contrário.

Que possamos sempre nos lembrar e confiar nesse amor eterno, sabendo que, em todas as circunstâncias, Deus está nos atraindo para mais perto de si, cuidando de nós com um carinho que excede todo entendimento.

Oração

Pai amado, obrigado pelo teu amor eterno e imutável. Ajuda-me a lembrar sempre que, independentemente das circunstâncias, teu amor por mim nunca falha. Que eu possa sentir tua presença e tua paz, e ser atraído cada vez mais para perto de ti.

Em nome de Jesus, amém.

A glória de Deus nas nossas conquistas

"O que é nascido de Deus vence o mundo; e esta é a vitória que vence o mundo: a nossa fé."

1 João 5:4

As vitórias em nossa vida, sejam elas grandes ou pequenas, são evidências do poder de Deus operando em nós. No entanto, é essencial que reconheçamos que essas vitórias não são conquistadas por nossa própria força, mas são fruto da graça de Deus que nos capacita. Nossa fé em Cristo é o que nos permite experimentar essas conquistas, pois é por meio dela que vencemos o mundo e seus desafios.

Cada vitória que experimentamos deve nos levar a uma maior adoração e gratidão a Deus. Ele é quem nos dá a força para superar obstáculos, a sabedoria para tomar decisões acertadas, e a coragem para enfrentar desafios. Quando colocamos nossa fé em Cristo, ele nos guia em triunfo, e nossas conquistas tornam-se oportunidades de glorificar seu nome.

É fácil, em tempos de vitória, esquecer de onde vem nossa ajuda. Podemos nos sentir tentados a atribuir o sucesso a nossos próprios esforços ou habilidades. No entanto, a verdadeira vitória é reconhecer que tudo o que temos e tudo o que conquistamos vem de Deus. Ele é o autor e consumador de nossa fé, e a glória de cada vitória pertence a ele.

Que possamos, portanto, viver cada vitória com um coração cheio de gratidão, sempre apontando para Deus como a fonte de todas as nossas conquistas e usando cada uma delas como uma oportunidade de refletir a glória de Cristo ao mundo.

Oração

Senhor, agradeço por cada vitória que me dás. Ajuda-me a lembrar que todas as minhas conquistas são fruto da tua graça e do teu poder em minha vida. Que eu possa sempre glorificar teu nome em cada sucesso, reconhecendo que tu és a fonte de toda vitória.

Em nome de Jesus, amém.

Firmes na rocha eterna

"Pois quem ouve as minhas palavras e as pratica é como um homem prudente que construiu a sua casa sobre a rocha."

Mateus 7:24

As tempestades da vida vêm para todos, mas a diferença está no fundamento sobre o qual construímos nossa vida. Quando nossa confiança está firmada em Cristo e vivemos segundo sua Palavra, encontramos segurança e estabilidade mesmo nas maiores adversidades. Ele é a rocha inabalável que nos sustenta.

Edificar a vida sobre a Palavra de Deus exige fé e obediência. Não é apenas ouvir, mas praticar seus ensinamentos que nos mantêm firmes. É na aplicação diária das Escrituras que experimentamos sua verdade e poder, vendo Deus agir em cada aspecto de nossa existência.

Aqueles que constroem suas vidas sobre a rocha encontram paz em meio às tempestades. As dificuldades não os derrubam, pois sua força não vem das circunstâncias, mas do Senhor. Ele nos dá firmeza para enfrentarmos os desafios e perseverarmos, confiando que, em Cristo, estamos seguros.

Que possamos construir nossas vidas sobre a Palavra de Deus, vivendo com a certeza de que ele é nosso alicerce seguro. Que, em todas as circunstâncias, nossa fé permaneça firme e inabalável em sua presença.

Oração

Pai, ajuda-me a construir minha vida sobre a rocha que é tua Palavra. Dá-me a graça de viver em obediência a ti e a força para permanecer firme nas tempestades. Que minha fé esteja sempre alicerçada em tua verdade.

Em nome de Jesus, amém.

A longanimidade do Senhor

"O Senhor é muito paciente e grande em fidelidade, e perdoa a iniquidade e a rebelião, se bem que não deixa o pecado sem punição, e castiga os filhos pela iniquidade dos pais até a terceira e quarta geração."

Números 14:18

A paciência de Deus conosco é uma das maiores expressões de seu amor e misericórdia. Embora muitas vezes falhemos, nos desviemos e sejamos lentos em aprender, Deus permanece paciente, esperando com amor que retornemos a ele. Ele não é rápido em nos punir, mas longânimo, dando-nos tempo e oportunidades para nos arrependermos e crescermos em nossa fé.

Essa paciência divina nos mostra o quanto Deus valoriza nosso relacionamento com ele. Ele entende nossas fraquezas e conhece nossas lutas. Em vez de nos abandonar quando falhamos, ele continua a nos chamar de volta, oferecendo-nos graça e perdão. Sua paciência nos dá espaço para aprender, para amadurecer e para nos aproximarmos mais dele.

Para nós, essa paciência divina é um modelo a ser seguido. Se Deus é tão paciente conosco, como podemos ser impacientes com os outros, ou até mesmo com nós mesmos? Devemos aprender a refletir a paciência de Deus em nossos relacionamentos, perdoando e esperando com amor, assim como ele faz conosco.

Que possamos sempre agradecer a Deus por sua paciência conosco, e que isso nos inspire a sermos pacientes com os outros, sabendo que todos estamos em um processo de crescimento e transformação pela graça de Deus.

Oração

Pai celestial, agradeço por tua paciência comigo. Ajuda-me a valorizar e a refletir essa paciência em minha vida, sendo mais compreensivo e amoroso com os outros e comigo mesmo. Que eu possa aprender a confiar em teu tempo e a esperar com fé e esperança.

Em nome de Jesus, amém.

Deus no deserto

"Durante o dia o Senhor ia adiante deles, numa coluna de nuvem, para guiá-los no caminho, e de noite, numa coluna de fogo, para iluminá-los, e assim podiam caminhar de dia e de noite."
Êxodo 13:21

Os desertos da vida são aqueles períodos áridos e solitários em que parece que Deus está distante e a esperança, escassa. No entanto, é precisamente nesses momentos que a presença de Deus se manifesta de maneira mais poderosa. Assim como ele guiou os israelitas pelo deserto com uma coluna de nuvem durante o dia e uma coluna de fogo à noite, Deus nos guia e nos sustenta em nossos próprios desertos.

O deserto pode ser um lugar de provação, mas também é um lugar de encontro com Deus. Nele, somos forçados a deixar de lado nossas dependências terrenas e a nos voltar totalmente para o Senhor. É ali que aprendemos a confiar em sua provisão diária, a ouvir sua voz de maneira mais clara e a ver sua fidelidade em cada passo que damos.

Deus não nos deixa sozinhos em nossos desertos. Sua presença é constante, mesmo quando não a sentimos. Ele nos guia, ilumina nosso caminho e nos oferece descanso nas sombras de sua proteção. Em vez de temer o deserto, devemos vê-lo como uma oportunidade de crescer em fé e intimidade com Deus.

Quando atravessamos desertos espirituais, podemos ter certeza de que Deus está conosco, preparando-nos para as promessas que ele tem reservado para nós. Sua presença transforma o deserto em um lugar de renovação e descoberta, onde somos moldados à sua imagem.

Oração

Senhor, nos desertos da vida, ajuda-me a lembrar que tu estás sempre comigo. Guia-me e sustenta-me, mesmo quando o caminho parece árido e solitário. Que eu possa confiar em tua presença e aprender a ver esses momentos como oportunidades para crescer em fé e intimidade contigo. Em nome de Jesus, amém.

O sustento invisível de Deus

"Pois eu sou o Senhor, o seu Deus, que o segura pela mão direita e lhe diz: Não tema; eu o ajudarei."
Isaías 41:13

O sustento de Deus é muitas vezes invisível, mas é o que nos mantém em pé a cada dia. Ele é aquele que nos segura pela mão direita, garantindo que não estamos sozinhos em nossas lutas. Mesmo quando não percebemos, Deus está ativamente nos apoiando, guiando nossos passos e nos fortalecendo para enfrentar os desafios que surgem.

Essa mão invisível que nos sustenta é uma expressão do amor constante e fiel de Deus. Ele conhece nossas fraquezas e, em sua misericórdia, provê tudo o que precisamos para continuar em nossa jornada. Seja através de palavras de encorajamento, portas abertas no momento certo, ou forças renovadas em tempos de esgotamento, Deus está sempre nos sustentando.

Confiar nesse sustento divino exige que reconheçamos nossa própria limitação e dependência de Deus. É um ato de fé acreditar que, mesmo quando tudo ao nosso redor parece desmoronar, Deus não nos abandonará. Ele é fiel para nos ajudar, para nos levantar quando caímos e para nos dar a coragem de seguir em frente.

Que possamos descansar na certeza de que o sustento de Deus é constante e suficiente. Em cada situação, ele está conosco, segurando nossa mão e nos guiando pelo caminho que ele preparou para nós.

Oração

Pai querido, obrigado por me sustentar em todos os momentos da vida. Mesmo quando não vejo ou não sinto, sei que tua mão está sempre segurando a minha, guiando-me e fortalecendo-me. Ajuda-me a confiar sempre em teu sustento, sabendo que tu és fiel para me ajudar em todas as minhas necessidades.

Em nome de Jesus, amém.

Restaurados pela mão de Deus

"Farei cicatrizar o seu ferimento e curarei as suas feridas, declara o Senhor [...]"
Jeremias 30:17

Todos enfrentamos momentos de dor, perda e quebrantamento. Nesses tempos, a promessa de Deus de restauração é um bálsamo para nossas almas feridas. Ele é o Deus que cura, que restaura e que traz vida nova onde antes havia desolação. Sua mão invisível está sempre trabalhando em nós, mesmo quando não percebemos, trazendo cura e renovação.

A restauração de Deus não se limita ao físico; ela é completa e abrangente. Ele restaura nossas emoções, nossas esperanças e até mesmo nossos relacionamentos. Quando tudo parece perdido, Deus entra em nossa história e começa a reconstruir o que foi destruído, trazendo nova vida e propósito.

A restauração pode ser um processo lento e doloroso, mas é sempre conduzido com amor e cuidado. Deus conhece cada ferida e cada dor, e ele trabalha em nós com paciência, garantindo que a cura seja completa. Ao confiarmos na promessa de restauração, permitimos que Deus nos transforme de dentro para fora, restaurando nossa alma e renovando nosso espírito.

Que possamos confiar na capacidade de Deus de restaurar todas as áreas de nossas vidas. Ele é fiel para cumprir suas promessas e nos levar a um lugar de plena cura e renovação.

Oração

Senhor, agradeço por tua promessa de restauração. Entrego a ti todas as minhas feridas e dores, confiando que tu és capaz de trazer cura e renovação. Ajuda-me a confiar em teu processo de restauração e a esperar com fé pelo dia em que serei completamente curado.

Em nome de Jesus, amém.

O louvor nas conquistas

"Dêem graças ao Senhor, porque ele é bom; o seu amor dura para sempre."
Salmos 136:1

Em cada vitória e conquista que experimentamos, há uma voz que muitas vezes sussurra no fundo de nossos corações: a voz de Deus nos chamando para dar graças. É ele quem nos capacita, nos fortalece e nos guia em direção às nossas vitórias. Quando reconhecemos a mão de Deus em nossas conquistas, somos levados a uma postura de louvor e gratidão.

A voz de Deus nas nossas conquistas não é um grito que exige reconhecimento, mas um convite suave para voltarmos nossos corações a ele em adoração. Nossas vitórias são oportunidades de glorificar a Deus, reconhecendo que sem ele nada poderíamos alcançar. Quando damos graças, abrimos nossos olhos para ver como ele tem sido fiel em nos conduzir e nos abençoar.

Cada conquista deve ser acompanhada de gratidão. Não importa quão grande ou pequena seja a vitória, ela é um testemunho do poder e da bondade de Deus em nossas vidas. À medida que cultivamos um coração agradecido, somos capazes de ver mais claramente a mão de Deus em todas as áreas da nossa vida.

Que possamos sempre ouvir e responder à voz de Deus, especialmente em nossas conquistas. Que nossos corações sejam cheios de louvor e gratidão, reconhecendo que cada vitória é um reflexo de sua bondade e amor eternos.

Oração

Pai, agradeço por todas as conquistas e vitórias que tu tens me concedido. Ajuda-me a sempre ouvir tua voz e a reconhecer tua mão em cada sucesso. Que eu possa viver com um coração cheio de gratidão, louvando-te por tua bondade e fidelidade em minha vida.

Em nome de Jesus, amém.

Deus nos detalhes

"Até os cabelos da cabeça de vocês estão todos contados."
Mateus 10:30

Muitas vezes, pensamos em Deus como alguém que se preocupa apenas com os grandes eventos da nossa vida, mas a verdade é que ele está presente até nos menores detalhes. Jesus nos lembra que até os cabelos de nossa cabeça estão todos contados — nada escapa à atenção cuidadosa de nosso Pai celestial. Essa providência divina que se estende aos mínimos detalhes é uma prova do amor e cuidado constantes de Deus por nós.

Cada pequeno detalhe de nossas vidas é orquestrado pela mão de Deus. Ele conhece nossos pensamentos, nossas necessidades e até mesmo nossos desejos mais íntimos. Em sua infinita sabedoria, ele dirige todas as coisas para o nosso bem, mesmo aquelas que parecem insignificantes ou triviais. Não há coincidências na vida do crente; tudo é parte do plano perfeito de Deus.

Reconhecer a providência de Deus nos detalhes nos leva a uma vida de gratidão contínua. Quando percebemos que até as coisas mais simples são resultados do cuidado de Deus, nosso coração se enche de louvor. Podemos descansar na certeza de que nada em nossas vidas escapa ao conhecimento e ao controle de Deus.

Que possamos viver cada dia com a consciência de que Deus está nos detalhes. Que isso nos inspire a confiar mais nele, a agradecer por sua provisão e a descansar em seu amor constante.

Oração

Senhor, obrigado por estar presente em cada detalhe da minha vida. Ajuda-me a confiar no teu cuidado, mesmo nas coisas que parecem pequenas. Ensina-me a viver com gratidão e descansar no teu amor constante. Amém.

Esperança na provisão de Deus

"Mas bendito é o homem cuja confiança está no Senhor, cuja confiança nele está."
Jeremias 17:7

A esperança é uma âncora para a alma, especialmente quando está firmada na providência divina. Em um mundo cheio de incertezas, ter esperança em Deus nos dá segurança e paz, sabendo que ele está no controle de todas as coisas e que sua provisão nunca falha. Quando nossa esperança está no Senhor, podemos enfrentar qualquer desafio com confiança, pois sabemos que ele é fiel para prover tudo o que precisamos.

A providência de Deus não apenas cuida de nossas necessidades imediatas, mas também planeja nosso futuro. Ele vê o que nós não vemos e prepara o caminho para nós, garantindo que todas as coisas cooperem para o nosso bem. Essa certeza nos dá esperança, mesmo quando as circunstâncias parecem desafiadoras ou incertas.

Manter a esperança na providência de Deus nos permite viver com alegria e expectativa, confiando que ele tem um bom plano para nossas vidas. Mesmo quando não entendemos seus caminhos, podemos ter certeza de que Deus está trabalhando em nosso favor, sempre visando nosso bem-estar e crescimento espiritual.

Que possamos sempre cultivar uma esperança firme na providência de Deus, vivendo com a confiança de que ele é nosso provedor fiel e que, em suas mãos, estamos seguros.

Oração

Pai celestial, minha esperança está em ti. Confio em tua providência para suprir todas as minhas necessidades e guiar meu futuro. Ajuda-me a viver com essa esperança, mesmo em tempos de incerteza, sabendo que tu estás no controle e que tens um bom plano para minha vida.

Em nome de Jesus, amém.

Guiados pela mão de Deus

"Em seu coração o homem planeja o seu caminho, mas o Senhor determina os seus passos."
Provérbios 16:9

As decisões que tomamos diariamente moldam nossa vida e o futuro. Muitas vezes, podemos nos sentir inseguros ou ansiosos em relação a qual caminho escolher. No entanto, a promessa de Deus é que ele dirige os passos daqueles que confiam nele. Mesmo quando fazemos nossos planos, é o Senhor quem nos guia, e sua direção é sempre perfeita.

Deus está presente em cada decisão que tomamos, grande ou pequena. Quando nos rendemos à sua vontade e buscamos sua orientação, ele nos conduz pelo caminho certo. Sua mão invisível trabalha por trás das cenas, alinhando circunstâncias, abrindo portas e fechando outras, para nos levar ao destino que ele preparou para nós.

Confiar na direção de Deus significa submeter nossos planos a ele, sabendo que ele vê o quadro completo e conhece o que é melhor para nós. Mesmo quando seus caminhos parecem diferentes dos nossos, podemos ter certeza de que sua sabedoria é maior e sua liderança infalível. Deus não nos deixará desviar; ele nos manterá no caminho certo para cumprir seus propósitos em nossa vida.

Que possamos aprender a confiar plenamente na mão de Deus em nossas decisões, buscando sua vontade acima de tudo e caminhando com fé, sabendo que ele está nos guiando a cada passo.

Oração

Senhor, guia meus passos em todas as minhas decisões. Entrego a ti meus planos e confio que tu sabes o que é melhor para mim. Ajuda-me a seguir tua direção com fé e confiança, sabendo que tu estás no controle de todas as coisas.

Em nome de Jesus, amém.

A alegria que vem de Deus

"[...] Porque a alegria do Senhor os fortalecerá"
Neemias 8:10

Em um mundo cheio de dificuldades e desafios, muitas vezes buscamos alegria em coisas externas — circunstâncias favoráveis, conquistas, ou relacionamentos. No entanto, a verdadeira alegria, aquela que sustenta e fortalece, vem de uma fonte muito mais profunda e segura: a alegria no Senhor. Essa alegria é invisível aos olhos do mundo, mas é poderosa e constante, independentemente das circunstâncias.

A alegria do Senhor não depende das situações ao nosso redor, mas de nossa conexão com ele. É uma alegria que brota de saber que somos amados e cuidados por Deus, de confiar em suas promessas e de experimentar sua presença em nossas vidas. Quando nos deleitamos no Senhor, ele se torna nossa força, renovando-nos e capacitando-nos a enfrentar qualquer desafio com esperança e coragem.

Essa alegria invisível é uma marca do cristão. Mesmo em tempos de provação, podemos encontrar motivos para louvar, porque sabemos que Deus está conosco, trabalhando para o nosso bem. À medida que cultivamos essa alegria em nosso relacionamento com Deus, ela se torna uma luz que brilha em nossas vidas, testemunhando ao mundo a fidelidade e o amor de Deus.

Que possamos buscar a alegria no Senhor acima de tudo, encontrando nela a força para viver cada dia com esperança e gratidão, sabendo que em Deus temos tudo o que precisamos para ser verdadeiramente felizes.

Oração:

Senhor, enche meu coração com a tua alegria, que é a minha força. Ajuda-me a buscar alegria em ti, e não nas circunstâncias ao meu redor. Que eu possa viver cada dia com gratidão e esperança, sabendo que tua alegria é suficiente para me sustentar em qualquer situação.

Em nome de Jesus, amém.

O cuidado fiel do Pastor

"O Senhor é o meu pastor; de nada terei falta."
Salmos 23:1

Em um mundo marcado pela incerteza, a imagem do Senhor como nosso Pastor traz conforto e segurança. Ele é aquele que supre todas as nossas necessidades, que nos guia por caminhos seguros e nos protege do mal. Quando confiamos no cuidado do Pastor, experimentamos uma paz que vem da certeza de que estamos sob a vigilância constante de Deus.

O cuidado do Senhor não se limita ao essencial; ele é generoso em sua provisão. Ele nos leva a pastos verdejantes e águas tranquilas, restaurando nossa alma e renovando nossas forças. Mesmo nas dificuldades, ele caminha ao nosso lado, garantindo que nunca estaremos sozinhos.

Confiar no Senhor como nosso Pastor exige uma entrega de coração. É reconhecer que não precisamos controlar tudo, porque estamos sob os cuidados daquele que conhece cada detalhe de nossas vidas. Ele sabe o que é melhor para nós e nos conduz no tempo certo para os lugares que preparou.

Que possamos descansar na certeza de que o Senhor é nosso Pastor, suprindo todas as nossas necessidades e nos guiando com amor e cuidado. Que nossa confiança nele seja renovada a cada dia, permitindo-nos viver com gratidão e paz.

Oração

Senhor, obrigado por seres meu Pastor. Confio em teu cuidado e provisão, sabendo que em ti nada me faltará. Guia-me por teus caminhos e renova minha alma. Que eu possa sempre descansar em teu amor e proteção. Em nome de Jesus, amém.

Descanso em Deus

"Venham a mim, todos os que estão cansados e sobrecarregados, e eu lhes darei descanso."

Mateus 11:28

Em um mundo cheio de demandas e pressões, é fácil sentir-se sobrecarregado. No entanto, Jesus nos faz um convite simples, mas profundo: ir até ele. Em sua presença, encontramos descanso para nossas almas e alívio para os fardos que carregamos. Ele não nos promete uma vida sem desafios, mas nos garante que, em meio a eles, podemos encontrar paz em sua companhia.

Buscar descanso em Cristo é mais do que um ato momentâneo; é uma atitude diária de confiança em suas promessas. Quando nos rendemos a ele, nossos corações são preenchidos com a certeza de que não precisamos enfrentar as lutas sozinhos. Ele nos oferece força para seguir em frente e nos envolve com seu amor, que alivia até as cargas mais pesadas.

Esse descanso não é passivo, mas um lugar de renovação. É onde somos capacitados a enfrentar os desafios com a convicção de que Deus está conosco. Cada momento passado em sua presença nos prepara para caminhar com coragem e fé, certos de que ele cuida de nós.

Que possamos atender ao chamado de Cristo, entregando nossas preocupações a ele e descansando em suas promessas. Que nossos corações encontrem alívio em seu amor e renovação em sua graça.

Oração

Senhor Jesus, obrigado por me convidares a descansar em tua presença. Entrego a ti os fardos que carrego e confio que tu cuidarás de mim. Renova minhas forças e dá-me a paz que só tu podes oferecer. Que minha vida reflita tua graça e teu amor.

Em teu nome, amém.

O grande Deus nos detalhes

"Se Deus veste assim a erva do campo, que hoje existe e amanhã é lançada ao fogo, não vestirá muito mais a vocês, homens de pequena fé?"
Mateus 6:30

Às vezes, é fácil reconhecer a presença de Deus em eventos grandiosos e milagrosos, mas muitas vezes esquecemos que ele também está presente nos pequenos detalhes de nossa vida cotidiana. O mesmo Deus que criou o universo com seu poder é o Deus que cuida de cada detalhe de nossa existência, desde as menores preocupações até as maiores necessidades.

Jesus nos ensina que Deus veste a erva do campo com esplendor, um detalhe que pode passar despercebido por muitos, mas que revela o cuidado meticuloso do Criador. Se Deus cuida assim das coisas pequenas e passageiras, quanto mais ele cuidará de nós, que somos criados à sua imagem e destinados à eternidade?

Essa compreensão nos chama a confiar mais em Deus, não apenas nas grandes crises, mas também nos pequenos desafios do dia a dia. Ao reconhecer sua mão nos detalhes, nossa fé é fortalecida, e aprendemos a viver com gratidão, sabendo que nada em nossa vida escapa ao cuidado amoroso de Deus.

Que possamos desenvolver um coração atento, capaz de ver a grandeza de Deus nos pequenos detalhes da vida. Que cada ato de provisão, cada proteção invisível, nos lembre de que somos preciosos aos olhos de Deus, e que ele cuida de nós com amor e precisão infinitos.

Oração

Senhor, ajuda-me a ver tua mão em cada detalhe da minha vida. Ensina-me a confiar em ti, não apenas nas grandes crises, mas também nas pequenas preocupações do dia a dia. Que eu possa viver com um coração cheio de gratidão, reconhecendo teu cuidado constante e amoroso em todas as coisas.

Em nome de Jesus, amém.

O Deus que fala no silêncio

"[...] Saibam que eu sou Deus! [...]"
Salmos 46:10

O silêncio de Deus pode ser desconcertante para nós. Estamos acostumados a buscar respostas rápidas e sinais claros, e quando o silêncio persiste, podemos nos sentir abandonados ou ignorados. No entanto, é no silêncio que Deus muitas vezes fala mais profundamente, convidando-nos a aquietar nossos corações e a confiar em sua presença constante.

O Salmo 46:10 nos chama a aquietar-nos e reconhecer a soberania de Deus. Esse convite não é para a passividade, mas para a confiança. No silêncio, Deus nos convida a descansar em seu poder, a confiar que ele está no controle, mesmo quando não ouvimos sua voz. É uma oportunidade para aprofundar nossa fé, aprendendo a confiar em Deus, não por causa de suas respostas imediatas, mas por causa de quem ele é.

O silêncio de Deus não é inatividade. Ele está sempre trabalhando, mesmo quando não percebemos. Muitas vezes, o silêncio é o terreno onde nossa fé é mais profundamente enraizada, onde aprendemos a depender de Deus de maneira mais plena e a descansar em sua soberania.

Que possamos aprender a valorizar os momentos de silêncio em nossa caminhada com Deus, sabendo que ele está presente e ativo, mesmo quando não ouvimos sua voz. Que esses tempos se tornem oportunidades para aprofundar nossa fé e confiança no Deus que é fiel em todas as coisas.

Oração

Senhor, nos momentos de silêncio, ajuda-me a confiar em ti. Ensina-me a aquietar meu coração e a reconhecer tua presença, mesmo quando não ouço tua voz. Que eu possa crescer em fé e confiança, sabendo que tu estás sempre comigo, trabalhando em todas as coisas para o meu bem.

Em nome de Jesus, amém.

Paz que excede todo entendimento

"E a paz de Deus, que excede todo entendimento, guardará os seus corações e as suas mentes em Cristo Jesus."
Filipenses 4:7

A paz de Deus é um presente divino que transcende as circunstâncias da vida. Não depende de momentos favoráveis ou de soluções imediatas para os nossos problemas; ela está enraizada na presença constante de Cristo em nossas vidas. Essa paz age como um guardião fiel, protegendo nossos corações e mentes contra o medo e a ansiedade.

Em meio às tempestades da vida, somos chamados a entregar nossas preocupações a Deus. Ele nos convida a lançar sobre ele nossas ansiedades, confiando que ele cuida de nós. Ao fazer isso, experimentamos uma paz que não pode ser explicada ou compreendida pela lógica humana, mas que enche nossos corações de calma e segurança.

Essa paz não é apenas um sentimento, mas uma prova de que Deus está conosco. É um lembrete de que, independentemente do que enfrentamos, estamos nas mãos daquele que é soberano sobre todas as coisas. Quando permitimos que a paz de Deus governe nossas vidas, ela nos capacita a enfrentar cada situação com coragem e serenidade.

Que possamos buscar a paz que só Deus pode oferecer, entregando a ele nossas preocupações e confiando em seu amor e cuidado. Que essa paz guarde nossos corações e nos mantenha firmes em Cristo Jesus.

Oração

Senhor, agradeço pela paz que só tu podes dar. Ajuda-me a entregar todas as minhas preocupações a ti e a confiar no teu cuidado. Que tua paz guarde meu coração e minha mente, sustentando-me em todas as circunstâncias.

Em nome de Jesus, amém.

Confiando no mistério de Deus

"Ó profundidade da riqueza da sabedoria e do conhecimento de Deus! Quão insondáveis são os seus juízos e inescrutáveis os seus caminhos!"

Romanos 11:33

A providência de Deus é muitas vezes um mistério para nós. Em nossa limitação humana, não conseguimos entender plenamente os planos de Deus ou os caminhos que ele escolhe para nos guiar. No entanto, mesmo quando não entendemos, somos chamados a confiar em sua sabedoria e bondade infinitas.

Os caminhos de Deus são insondáveis e seus planos vão além do que podemos ver ou compreender. Ele trabalha em nossas vidas de maneiras que, à primeira vista, podem parecer confusas ou até mesmo dolorosas. Mas a verdade é que Deus está sempre operando para o nosso bem, usando até mesmo as circunstâncias mais difíceis para nos moldar e nos aproximar de si.

Quando enfrentamos situações que não fazem sentido, devemos lembrar que a visão de Deus é muito mais ampla do que a nossa. Ele vê o início e o fim, e conhece o melhor caminho para nos levar a uma vida de plenitude e propósito. Nossa tarefa é confiar no seu caráter — sua bondade, sua justiça, e seu amor inabalável.

O mistério da providência de Deus nos ensina a viver pela fé, confiando que ele está no controle, mesmo quando não conseguimos entender seus caminhos. É um convite para descansar na certeza de que Deus sabe o que está fazendo, e que, no tempo certo, ele revelará seus planos para nós.

Oração:

Senhor, ajuda-me a confiar em ti, mesmo quando não entendo os teus caminhos. Dá-me a fé para acreditar que tu estás sempre operando para o meu bem, e a paciência para esperar pela revelação dos teus planos. Que eu possa viver com a certeza de que tu és um Deus bom e fiel, mesmo quando o mistério da tua providência é difícil de compreender.

Em nome de Jesus, amém.

A luz que guia nossos passos

"A tua palavra é lâmpada que ilumina os meus passos e luz que clareia o meu caminho."
Salmos 119:105

Em um mundo repleto de incertezas, a Palavra de Deus é como uma lâmpada que ilumina nosso caminho, guiando-nos em meio à escuridão. Ela não apenas revela a direção que devemos seguir, mas também nos protege de tropeços e quedas. Quando permitimos que a Palavra de Deus seja nossa guia, encontramos clareza e segurança em cada passo que damos.

A luz da Palavra não promete evitar todas as dificuldades, mas nos assegura de que nunca estaremos sozinhos. Em meio às dúvidas, ela nos dá sabedoria; em tempos de confusão, ela nos aponta a verdade. É um recurso constante e fiel, que nunca falha em nos orientar na jornada da vida.

Buscar a direção da Palavra exige tempo e dedicação. Quando nos comprometemos a estudá-la e a colocá-la em prática, nossa caminhada se torna mais firme e nossa fé, mais profunda. Cada versículo é uma fonte de renovação, uma luz que nunca se apaga e que sempre nos conduz ao centro da vontade de Deus.

Que possamos confiar na Palavra como nossa lâmpada e luz, permitindo que ela guie nossas escolhas e nos mantenha no caminho certo. Que a presença de Deus em sua Palavra nos fortaleça e nos renove, dia após dia.

Oração

Senhor, tua Palavra é a luz que guia meus passos. Ajuda-me a buscar tua direção em todas as áreas da minha vida e a confiar plenamente em tua verdade. Que eu possa caminhar com segurança, seguindo o caminho que preparaste para mim.

Em nome de Jesus, amém.

Corrigidos com amor

"Pois o Senhor disciplina a quem ama,
e castiga todo aquele a quem aceita
como filho"
Hebreus 12:6

A correção é uma expressão do amor de Deus por nós. Como um pai que disciplina seus filhos para o bem deles, Deus nos corrige para nos moldar à imagem de Cristo. Embora a correção possa ser dolorosa no momento, ela é sempre motivada pelo amor e pelo desejo de nos ver crescer em santidade e maturidade espiritual.

A correção divina pode vir de muitas formas — através da leitura da Palavra, da pregação, de uma consciência pesada, ou mesmo de circunstâncias difíceis. Quando Deus nos corrige, ele não o faz para nos punir, mas para nos guiar de volta ao caminho certo. Sua correção é sempre justa, sempre necessária, e sempre para o nosso bem.

Ao sermos corrigidos, somos chamados a responder com humildade e gratidão. Em vez de resistir ou desanimar, devemos reconhecer que a correção é uma prova do amor de Deus por nós. Ele nos ama demais para nos deixar seguir por um caminho de destruição. Sua correção é uma oportunidade para refletir, arrepender-se e crescer.

Que possamos acolher a correção de Deus em nossas vidas, vendo-a como uma manifestação de seu amor incondicional. Que sua disciplina nos leve a um relacionamento mais profundo com ele, e a uma vida que reflete cada vez mais a santidade de Cristo.

Oração

Pai celestial, agradeço por tua correção amorosa. Ajuda-me a receber tua disciplina com um coração humilde e grato, reconhecendo que ela é para o meu bem. Molda-me à imagem de Cristo, e guia-me sempre no caminho da retidão. Que tua correção me aproxime mais de ti e me transforme segundo a tua vontade.

Em nome de Jesus, amém.

Tomando decisões com Deus

"Confia no Senhor de todo o teu coração e não te estribes no teu próprio entendimento. Reconhece-o em todos os teus caminhos, e ele endireitará as tuas veredas."
Provérbios 3:5-6

A vida é repleta de decisões — algumas pequenas e cotidianas, outras grandes e que mudam o rumo da nossa existência. Em todas essas decisões, somos chamados a confiar no Senhor e a buscar sua orientação. Deus, em sua sabedoria infinita, oferece direção a todos que o buscam com sinceridade.

É fácil depender de nossa própria sabedoria e entendimento, especialmente em decisões que parecem simples ou rotineiras. No entanto, Provérbios 3 nos lembra que devemos confiar no Senhor com todo o nosso coração, reconhecendo nossa necessidade de sua orientação em cada passo que damos. Quando o fazemos, ele promete endireitar nossas veredas, guiando-nos no caminho certo.

Reconhecer Deus em todos os nossos caminhos é um ato de fé e obediência. Isso significa buscar sua vontade, orar por direção e estar disposto a seguir seu plano, mesmo quando ele não se alinha perfeitamente com nossas próprias ideias ou desejos. Quando colocamos nossas decisões nas mãos de Deus, encontramos paz e segurança, sabendo que ele nos guiará para onde precisamos estar.

Que possamos aprender a confiar em Deus em todas as nossas decisões, grandes ou pequenas. Que nossa vida seja um reflexo da sabedoria e da direção de Deus, enquanto seguimos suas veredas com fé e confiança.

Oração

Senhor, entrego a ti todas as minhas decisões. Ajuda-me a confiar em tua sabedoria e a buscar tua orientação em cada escolha que faço. Que eu possa reconhecer-te em todos os meus caminhos, e seguir a direção que tu tens para mim com fé e obediência.

Em nome de Jesus, amém.

Surpreendidos pela graça

"Assim como os céus são mais altos do que a terra, também os meus caminhos são mais altos do que os seus caminhos, e os meus pensamentos, mais altos do que os seus pensamentos."

Isaías 55:9

Deus é o Deus das surpresas. Em sua sabedoria e graça infinitas, ele frequentemente nos conduz por caminhos inesperados e nos abençoa de maneiras que jamais poderíamos imaginar. Seus pensamentos são mais altos que os nossos, e seus planos para nós muitas vezes excedem nossas expectativas mais ousadas.

Essas surpresas divinas não são meras coincidências ou acasos, mas são o resultado do amor e cuidado constantes de Deus por nós. Quando nos entregamos a ele e permitimos que ele dirija nossas vidas, ele nos conduz por caminhos que, embora muitas vezes desconhecidos ou surpreendentes, são sempre para o nosso bem.

As surpresas de Deus podem vir em forma de portas abertas, encontros inesperados, ou respostas a orações de maneiras que nunca imaginamos. Cada uma dessas surpresas é uma oportunidade para reconhecer a mão de Deus em nossa vida e para renovar nossa confiança em sua provisão e cuidado.

Que possamos estar sempre atentos às surpresas maravilhosas de Deus, acolhendo-as com gratidão e alegria. Que cada surpresa nos lembre do quanto somos amados e cuidados por nosso Pai celestial, que sempre trabalha para o nosso bem.

Oração

Senhor, obrigado pelas surpresas maravilhosas que preparas para mim. Ajuda-me a confiar em teus caminhos, mesmo quando eles são diferentes dos meus planos. Que eu possa reconhecer tua mão em cada surpresa e responder com gratidão e alegria, sabendo que tu sempre trabalhas para o meu bem.

Em nome de Jesus, amém.

Amparados pela graça de Deus

"O Senhor ampara todos os que caem e levanta todos os que estão prostrados."
Salmos 145:14

Na vida, todos nós enfrentamos quedas e momentos de abatimento. Nesses tempos, podemos sentir que estamos além da esperança ou que nunca seremos capazes de nos levantar novamente. No entanto, a promessa de Deus é que ele sustenta aqueles que caem e levanta os que estão abatidos. Sua mão invisível está sempre presente, pronta para nos restaurar e nos erguer.

Deus não apenas nos levanta quando caímos, mas ele nos sustenta durante todo o processo de recuperação. Sua graça é suficiente para nos fortalecer e nos renovar. Ele entende nossas fraquezas e sabe exatamente o que precisamos para ser restaurados. Mesmo quando sentimos que estamos no ponto mais baixo, Deus nos encontra ali e nos levanta com sua mão poderosa.

A restauração de Deus não é apenas física ou emocional, mas também espiritual. Ele nos renova de dentro para fora, restaurando nossa esperança, nossa fé e nossa alegria. Cada vez que somos levantados por Deus, somos lembrados de seu grande amor e cuidado por nós. Não importa quão longe tenhamos caído, a mão de Deus está sempre pronta para nos levantar e nos colocar de volta no caminho da vida abundante.

Que possamos confiar na graça restauradora de Deus, sabendo que ele nunca nos deixa caídos. Ele é fiel para nos levantar, nos sustentar e nos guiar de volta à plenitude de vida em Cristo.

Oração

Senhor, agradeço porque tu és o Deus que me levanta quando caio. Em momentos de abatimento, ajuda-me a confiar em tua mão poderosa que me sustenta e me restaura. Renova minha esperança e fortalece minha fé, para que eu possa caminhar em tua presença, confiante de que tu estás sempre comigo.

Em nome de Jesus, amém.

O cuidado constante de Deus

"Porque ele guarda a vida dos seus fiéis e os livra das mãos dos ímpios."
Salmos 97:10

A vida muitas vezes apresenta desafios que testam nossa fé e nossa confiança em Deus. Em meio a incertezas, é uma bênção saber que o Senhor cuida daqueles que são fiéis a ele. Seu cuidado não é superficial, mas um ato profundo de amor e proteção que transcende o visível. Ele não apenas nos livra das mãos do mal, mas também sustenta nossas vidas em cada momento.

Mesmo que não compreendamos totalmente os caminhos de Deus, podemos descansar na certeza de que ele está sempre agindo por nós. A sua proteção pode se manifestar de maneiras inesperadas: na paz que sentimos ao enfrentar uma situação difícil, na ajuda que chega na hora certa ou na força que encontramos para continuar. É um lembrete constante de que não estamos sozinhos.

Viver sob o cuidado de Deus exige que confiemos em sua soberania e entreguemos nossos medos e ansiedades a ele. Isso não significa ausência de dificuldades, mas a certeza de que nenhuma delas é maior que o poder e o amor do nosso Pai celestial. Ele nos guarda em suas mãos, firmes e seguras, mesmo nos momentos mais sombrios.

Que possamos viver com essa confiança em nossos corações, reconhecendo que, ao sermos fiéis, estamos sob o olhar atento e a proteção constante do Senhor. Que o cuidado de Deus nos inspire a caminhar com fé, sabendo que ele sempre proverá e guardará nossas vidas.

Oração

Pai querido, agradeço por tua proteção constante e por me guardares em todos os momentos. Ajuda-me a confiar em teu cuidado, mesmo nas adversidades, e a viver com a certeza de que estou seguro em tuas mãos. Ensina-me a ser fiel a ti e a descansar em teu amor.

Em nome de Jesus, amém.

O amor longânimo de Deus

"O Senhor é compassivo e misericordioso,
mui paciente e cheio de amor"
Salmos 103:8

A paciência de Deus para conosco é uma expressão extraordinária de seu amor. Mesmo quando falhamos, quando somos teimosos ou lentos para aprender, Deus permanece paciente, sempre pronto a nos perdoar e nos ajudar a recomeçar. Sua longanimidade é uma bênção que nos dá espaço para crescer, amadurecer e nos aproximar mais dele.

Essa paciência divina nos lembra que Deus entende nossas fraquezas. Ele conhece nossas lutas e nossas limitações, e não nos abandona por causa delas. Em vez disso, ele caminha ao nosso lado, oferecendo-nos oportunidades repetidas de arrependimento e renovação. Sua paciência é uma demonstração de sua misericórdia, um convite constante para que voltemos ao seu amor, mesmo depois de termos errado.

Nós, por nossa vez, somos chamados a refletir essa paciência em nossos relacionamentos com os outros. Assim como Deus é paciente conosco, devemos ser pacientes com os outros, reconhecendo que todos estamos em um processo de crescimento espiritual. A paciência não é apenas uma virtude, mas um reflexo do caráter de Deus em nós.

Que possamos ser gratos pela paciência de Deus e buscar viver com o mesmo espírito de longanimidade, tanto em nosso relacionamento com ele quanto em nossas interações com os outros. Que a paciência divina nos inspire a ser mais compassivos, mais compreensivos e mais dispostos a perdoar.

Oração

Pai amoroso, agradeço por tua paciência infinita comigo. Ajuda-me a refletir essa paciência em minha vida, sendo mais compassivo e compreensivo com os outros. Que eu possa crescer em tua graça, sempre buscando me aproximar mais de ti e aprender a caminhar em tua longanimidade.

Em nome de Jesus, amém.

Não temerei mal algum

"Mesmo quando eu andar por um vale de trevas e morte, não temerei perigo algum, pois tu estás comigo; a tua vara e o teu cajado me protegem."

Salmos 23:4

Os vales da vida são lugares sombrios, onde o medo e a incerteza muitas vezes ameaçam nos sobrecarregar. No entanto, o Salmo 23 nos oferece uma verdade poderosa: mesmo no vale da sombra da morte, não precisamos temer. A razão para essa confiança é simples e profunda — Deus está conosco.

A presença de Deus em nossos vales é a nossa maior fonte de conforto e segurança. Ele não nos abandona nas horas de dificuldade, mas caminha ao nosso lado, guiando-nos e protegendo-nos. Sua vara e seu cajado são símbolos de sua autoridade e cuidado, nos garantindo que, mesmo em meio ao perigo, estamos seguros em suas mãos.

Não temer o mal não significa que estamos imunes aos desafios ou às dificuldades, mas sim que podemos enfrentá-los com a certeza de que Deus está no controle. Sua presença transforma o vale em um lugar de aprendizado e crescimento, onde somos fortalecidos e renovados. Mesmo na escuridão, podemos encontrar paz, sabendo que Deus nunca nos deixará.

Que possamos sempre lembrar que, independentemente do quão escuro o vale possa ser, a luz da presença de Deus está conosco. Ele é o nosso Pastor fiel, e com ele ao nosso lado, podemos caminhar com confiança, sabendo que somos cuidados e protegidos.

Oração

Senhor, mesmo nos vales mais sombrios da vida, sei que tu estás comigo. Ajuda-me a confiar em tua presença e a não temer mal algum. Que eu possa caminhar com segurança e paz, sabendo que estou sempre sob teu cuidado.

Em nome de Jesus, amém.

A Presença de Deus em Cada Respiração

"Então o Senhor Deus formou o homem do pó da terra e soprou em suas narinas o fôlego de vida, e o homem se tornou um ser vivente."

Gênesis 2:7

Desde o início, vemos o agir detalhado de Deus na criação da humanidade. Ele não apenas formou o homem do pó, mas soprou em suas narinas o fôlego de vida, uma ação íntima e poderosa que demonstra o cuidado divino. Cada respiração que tomamos é um testemunho da presença contínua de Deus em nossas vidas. Ele não nos criou para abandonar-nos, mas para estar conosco em cada momento, sustentando-nos com sua graça.

Mesmo quando não percebemos, o agir de Deus é constante. Ele nos mantém vivos, provê nosso sustento e dirige nossos passos. Sua mão invisível está presente nos momentos mais comuns e nas situações mais complexas, guiando-nos e moldando-nos para os seus propósitos. Assim como ele soprou vida no homem, ele continua renovando nossas forças a cada dia.

Reconhecer a presença de Deus em cada respiração nos leva a uma vida de maior dependência e adoração. Saber que dependemos dele até para o ar que respiramos nos ensina a humildade e a gratidão. Não somos donos de nossa vida; ela pertence a Deus, e sua bondade se manifesta até mesmo nos detalhes que muitas vezes tomamos por garantidos.

Que possamos viver com a consciência de que cada respiração é um presente divino. Que isso nos leve a buscar mais a presença de Deus, a depender dele em tudo e a honrá-lo com nossas vidas.

Oração:

Senhor, obrigado por cada respiração que me sustenta. Ajuda-me a reconhecer teu agir invisível e a viver em gratidão constante. Ensina-me a depender de ti e a honrar-te com minha vida. Amém.

Conclusão

Chegamos ao fim deste livro, mas não ao fim da ação de Deus em nossas vidas. Ao longo destas páginas, exploramos como o Deus invisível age de forma concreta em meio às nossas histórias, mesmo quando nossos olhos não conseguem perceber. Cada relato, cada reflexão e cada lição apontam para um Deus que está sempre ativo, sempre cuidando e sempre transformando.

A conclusão que podemos tirar é clara: confiar no agir invisível de Deus é um ato de fé e entrega. Mesmo quando os cenários parecem desfavoráveis ou o silêncio parece imperar, Deus continua sendo fiel aos seus propósitos. O mesmo Deus que guiou José no Egito, Moisés no deserto e Ester no palácio é o Deus que hoje guia você, independentemente das circunstâncias.

Meu desejo é que, ao fechar este livro, você abra o coração para reconhecer e confiar no agir de Deus em todas as áreas da sua vida. Ele está trabalhando, mesmo quando você não vê. Que a certeza do seu amor e da sua soberania seja um farol que ilumine o caminho e fortaleça sua fé. Deus, invisível aos olhos humanos, é profundamente visível para o coração que crê.